Emanuel Geibel

Die Loreley

Emanuel Geibel

Die Loreley

ISBN/EAN: 9783744639026

Hergestellt in Europa, USA, Kanada, Australien, Japan

Cover: Foto ©ninafisch / pixelio.de

Weitere Bücher finden Sie auf **www.hansebooks.com**

von

Emanuel Geibel.

Hannover.
Carl Rümpler.
1861.

Druck von A. Grimpe in Hannover.

Dem Andenken

Felix Mendelssohn-Bartholdy's.

Die Loreley.

Geschrieben 1846—1847.

Die Loreley darf ohne Erlaubniß des Verfassers in keiner Weise öffentlich aufgeführt werden.

Personen.

Der Erzbischof von Mainz.
Bertha, Gräfin von Stahleck, seine Nichte.
Pfalzgraf Otto.
Hubert, Fährmann und Schenkwirth.
Lenore, seine Tochter.
Reinald.
Leupold, Seneschall des Pfalzgrafen.
Ritter, Damen, Priester, Winzer und Winzerinnen, Edelknaben, Gewappnete u. s. w.

Erster Aufzug.

Oedes Felsenthal am Rhein. Seitwärts zur Rechten, tief in die Bühne hineinragend, eine mächtige Klippe, welche in mittlerer Höhe über dem Flusse einen zugänglichen Vorsprung bildet und dann schroff und wandartig emporsteigt.

Erster Auftritt.

Pfalzgraf Otto in einfacher Jägertracht kommt von der Linken, ihm folgt **Leupold**.

Otto.

Wir sind am Ort. Laß mich allein,
Und harre mein im Felsengrunde.

Leupold.

Wohl, doch vergeßt nicht, Herr, die Stunde;
Schon glüh'n die Höh'n im Abendschein,
Und bei der Vesper erstem Laut
Erwartet euch die hohe Braut.
Was bannt euch nur in dieses Thal,
Wenn droben zu des Schlosses Stufen
Die Lieb' und all ihr Glück euch rufen?

Otto.

Die Liebe, weh, und ihre Qual.

Leupold.

Ich fass' euch nicht. Wie soll ich deuten,
Was ihr mir wie ein Räthsel sagt?

Otto.

Vernimm: vier Monden sind's, da kam ich auf der Jagd
Hierher noch spät, ein Wild mir zu erbeuten.
Der Himmel stand in Glut, der Strom war eitel Gold,
Und zwischen all dem lichten Scheine
Gewahrt' ich eine Jungfrau wunderhold.
Sie saß gelösten Haar's und sang;
O wie das klang
Das Thal entlang!
Mir war's, als sei's der Feyen Eine.

Leupold.

Und dann?

Otto.

Sie labt' aus ihrem Kruge
Den fremden Jägersmann, ich trank mit durst'gem Zuge —
Seit jener Stunde war's um mich geschehn,
In diesem Thal, fern von des Hofs Getriebe
Erblühte hold und ungesehn
Das Märchen mir glückfel'ger Liebe.
Ach, tiefer, als der lauten Feste Prangen
Erquickte mich der schöne Wahn
Und willig gab ich mich gefangen.

Leupold.
O Herr, ihr habt nicht wohlgethan!

Otto.
Und jetzt! Und heut'! Ich kann's nicht fassen,
Was streitend in mir wühlt,
Verrathen soll ich, was ich heiß gefühlt,
Und was so lieb mir war, auf ewig lassen!
Ach, es glüh'n in diesem Herzen
Wunderbar verworr'ne Flammen,
Und ich muß mich selbst verdammen
Um mein streitend Doppelglück.
Welch ein Wirrsal! Welche Schmerzen!
Liebe winkt, es warnt die Treue,
Ewig zieh'n Begier und Reue
In den Strudel mich zurück.

Leupold.
Herr, ihr führt, den Kranz im Haare,
Morgen bei des Frühroths Schimmer
Eine Fürstin zum Altare;
Opfert denn ein traumhaft Glück!
Hier zu scheiden gilt's auf immer,
Daß ihr dort bewahrt die Treue;
Ewig bleibt der Dorn der Reue
Sonst in eurer Brust zurück.

Otto.
Wohl, es sei! ich muß entsagen,
Und entschlossen sei's gethan.

Leupold.

Handelt rasch und ohne Zagen!
Wo die alten Weiden ragen,
Harr' ich euer mit dem Kahn!

Otto.

Fort! die Stunde hat geschlagen.
Geh, Verhängniß, deine Bahn!
(Leupold entfernt sich.)

Zweiter Auftritt.

Otto, bald darauf Lenore.

Otto.

Sei stark mein Herz, und laß dein Pochen
Und biete Trotz der kurzen Qual,
Das Scheidewort sei kühn gesprochen,
Der Würfel fiel, ich habe keine Wahl. —
Horch, welch ein Ton! Sie naht!
Schon wandelt ihr Gesang
Herab den Felsenpfad,
Und greift mir in die Brust schmerzlich mit süßem Klang.

Lenore
(hinter der Scene).

Seit ich von mir geschieden
Und mich der Liebe gab,
Kam über mich ein Frieden
Wie Himmelsthau herab.
Ach, blüht keine Blume, blüht kein Zweig,
Als wie mein Herz in Freuden reich,
Seit ich von mir geschieden
Und mich der Liebe gab.

Otto.
Vor dieser Stimme schmilzt die Seele mir!

(Lenore tritt auf.)

Otto.
Lenore!

Lenore.
Du bist hier, bist hier!
So hab' ich endlich dich gefunden!

(sie wirft sich in seine Arme.)

Otto.
Du suchtest mich?

Lenore.
Wann sucht' ich dich noch nicht!
So sehnt die Blume sich zum Licht,

Wie ich zu dir mich sehn' in allen Stunden.
Ach, deiner wartend bin ich lang
Da droben auf der öden Ley gesessen,
Und, o vergieb, schon ward mir bang,
Du habest heute mein vergessen.
Denn sieh, ein dunkler Traum, gezeugt aus wildem Blut,
Beschattete zu Nacht mein Bette:
Mir war's, als ob ich dich verloren hätte,
Doch du bist da, und nun ist Alles gut!
Ich habe dich! Ich halte dich!

Otto.

Geliebte, o wie faß' ich mich!
In deinem Blick der Gruß der Minne,
Verwirrt wie heißer Wein berauschend mir die Sinne,
Doch seh' ich deine Lust mit Zagen,
Ich muß dir Vieles, Vieles sagen —
Entscheidendes —

Lenore.

O thu's ein ander Mal!
Thu's morgen! Thu es übermorgen!
Heut' laß mich ledig aller Sorgen
Mich sonnen in der Liebe Stral,
An deiner lieben Brust geborgen!

Otto.

Wie du mich rührst, holdselig Kind!

Und doch — der Augenblick verrinnt —
Vernimm —

Lenore
(unterbricht ihn).

Ich habe heut kein Ohr,
Die Stund' ist kurz, bei beſſrer Zeit erzähle!
Heut laß mich ſtille ſchau'n zu deinem Aug' empor,
Und nimm im Kuſſe meine ganze Seele! —
Was willſt du mich zerſtreuen!
Ich weiß, daß du in Treuen
Dein ganzes Herz mir giebſt.
Nichts ſoll die Luſt mir ſtören,
Nur Eines mag ich hören,
Nur Eins, daß du mich liebſt!

Otto (für ſich).

O Leid, o Luſt im Bunde,
Daß ſie zu dieſer Stunde
Ihr ganzes Herz mir giebt!
Soll ich den Traum ihr ſtören
Und Qual heraufbeſchwören
Für ſie, die ſo mich liebt?

Lenore
(ſich an ihn ſchmiegend).

Du theurer Mann!

Otto.

Du holde Maid!

Lenore.

O laß an deiner Brust mich lehnen!
Befriedigt fühl' ich all mein Sehnen
Und weine doch, doch nicht vor Leid.

Otto.

Vom Auge küff' ich dir die Zähren.

Lenore.

Was kann der Himmel mehr gewähren?
Das ist der Liebe Seligkeit!
O theurer Mann!

Otto.

O holde Maid!

Lenore.

Versink' o Welt, ich weiß dich zu entbehren!

Otto.

Laß ab zu fluten, Strom der Zeit!
(Kurze Pause. Geläut in der Ferne.)

Lenore.

Horch, wie so feierlich und helle
Der Sonne nach, die kaum entwich,
Vom Thurm der alten Waldkapelle
Die Glocke schallt —

Otto.

Gott! Woran mahnst du mich!

Lenore.

Was ist dir? Du erbleichest. Sprich!
Es zuckt als wie ein plötzlich Leiden
Um deine Stirn. Was ist geschehn?

Otto.

Die Glocke ruft, wir müssen scheiden,
Und o, mir ist, als wär's auf Nimmerwiedersehn!

Lenore.

Was sagst du! Weh! Willst du das Herz mir brechen?

Otto
(mühsam gefaßt).

Sei ruhig, der Gedanke fuhr
Durch's Haupt mir wie ein Schatten nur. —
(für sich) Umsonst! Umsonst! Ich kann das Wort nicht sprechen!
(laut) Fahrwohl denn!

Lenore.

O was treibt dich so geschwind
Aus diesen Armen, die so treu dich hegen?

Otto
(drückt sie noch einmal heftig an sich, und reißt sich dann gewaltsam los).

Fahrwohl du liebes, liebes Kind!
Fahrwohl!

Lenore.

Fahrwohl! Friede mit dir und Segen!
(Otto eilt rasch hinweg.)

Dritter Auftritt.

Lenore (allein).

(Während sie dem Scheidenden bewegt nachblickt, erklingt in der Ferne zu den Schlägen der Abendglocke von hellen Mädchenstimmen das Ave Maria. Sie bleibt andächtig stehen.)

Chor (hinter der Scene).

Horch, der Abendglocke Ton!
 Ave Maria!
Im Nachen kniet der Schiffer schon,
 Ave Maria!
Durch's Spätroth hallt es weit und breit:
Gegrüßet sei'st du reine Maid!
 Ave Marie!

Lenore.

Die du thronst in Wolkenglut
 Ave Maria!
Nimm unsre Lieb' in deine Hut!
 Ave Maria!
O laß wie dieses Abends Schein
Sie heiter und voll Frieden sein.
 Ave Marie!

Indem Lenore sich zum Gehen wendet und langsam zwischen den Felsen verschwindet, wiederholt der

Chor

(in der Ferne verhallend)

Horch, der Abendglocke Ton!
Ave Maria!

Verwandlung.

Das Rheinthal bei Bacharach. Vorn zur Linken Hubert's Schenke, davor unter einem Weindach Tisch und Bank von Stein. Zur Rechten gegen den Hintergrund eine noch unvollendete Ehrenpforte. Im Hintergrunde der Strom und die jenseitigen Höhen.

Vierter Auftritt.

Hubert und eine Schaar junger Winzer sind beschäftigt, Fässer in einen auf dem Strome liegenden Kahn zu laden. Vor der Schenke sitzt Reinald. Er trägt die schwarze Tracht der fahrenden Schüler, doch dazu Schwert und Federbarett.

Chor der Winzer.

Rührt euch frisch und schafft die Fässer
In den Kahn, den edlen Wein!
Heut noch auf des Stroms Gewässer
Muß die Last verfahren sein.

Hubert.

Hier vom goldnen Rüdesheimer!
Ingelheims Gewächs darnach!
Aßmannshäuser sieben Eimer,
Aber zwölf von Bacharach!

Denn zur schönsten Jubelfeier
Will der Pfalzgraf unsern Wein;
Heute holt die Braut der Freier,
Morgen soll die Hochzeit sein.

Chor.

Rührt euch frisch und schafft die Fässer
In den Kahn, den edlen Wein!

Hubert.

Legt die Tonnen fein und sauber,
Daß der Trank sich nimmer trübt,
Und sein Gold den vollen Zauber
Im krystallnen Becher übt.
Jede Vorsicht braucht auf's beste,
Wie's der Blüte ziemt vom Rhein!
Hohes Fest hat durst'ge Gäste,
Aechter Durst will ächten Wein.

Chor.

Rührt euch frisch und schafft die Fässer
In den Kahn, den edlen Wein!

Hubert.

Wohl, der Kahn ist voll zum Rande,
Faß bei Faß liegt wohlbewahrt;
Kommt! Bevor ihr stoßt vom Strande,
Trinkt noch eins auf gute Fahrt!
(er bringt Wein; die Becher gehen im Kreise umher.)

Chor
(durcheinander, **Hubert** zutrinkend).

Vater Hubert! — Eure Dirne! —
'S ist ein Mädel wie von Gold! —
Blondes Haar auf weißer Stirne
Stand noch keiner je so hold!

Reinald (für sich).

Ihr Lob aus dieser Burschen Munde,
Mir zittert's nach im Herzensgrunde, —
Ach wohl war keine je so hold!

Hubert
(zu den Winzern, die indessen den Kahn bestiegen haben).

Nun fort mit raschen Ruderschlägen
Dem alten Schloß der Pfalz entgegen!
Schon sank die Sonn' im Abendgold.

Halbchor
(davonrudernd).

Wir ha'n geschnitzt das lange Jahr
An Dauben und an Stäben,
Und als das Faß gezimmert war,
Da preßten wir die Reben.
Nun grüß dich Gott du kühler Wein,
Du edler Herzenstrost vom Rhein!
Viel Freud' sollst du uns geben!

(fahren vorüber.)

Fünfter Auftritt.

Hubert. Halbchor der Winzer, später Chor der Winzerinnen.

Hubert
(sich gegen die angefangene Ehrenpforte wendend).

Jetzt hurtig, ihr Freunde!
Aus schwankenden Reben
Laßt rasch sich erheben
Das grünende Thor,
Auf daß wir mit Ehren
Und festlichem Prangen
Die Herrin empfangen
Und den sie erkor. —

Chor.

Wir führen den Bogen,
Es äugle die Traube,
Aus saftigem Laube
Tiefpurpurn und blau.

Zwei Stimmen.

Wir kommen mit Früchten.

Zwei andere Stimmen.

Wir kommen mit Zweigen.

Alle.

Die Pfosten, sie steigen,
Schon wölbt sich der Bau.

(Der Chor der Winzerinnen erscheint, in weiten Körben Blumen tragend.)

Hubert.

Was schafft ihr, ihr Mädchen?

Chor der Winzerinnen.

Wir kommen vom Walde,
Und bringen den Schmuck euch der herbstlichen Halde,
Spätrosen und Astern und Tausendschön.

Hubert.

Und weiter? — Nur ehrlich!

Erste Winzerin.

Ei kennt uns der Kluge!
So laß dir gestehn:
Es treibt uns die Neugier, im festlichen Zuge
Den Fremdling, den neuen Gebieter zu sehn.

Zweite Winzerin.

Wo hast du Lenoren? Sie darf uns nicht fehlen.

Hubert.

Sie ging mit der Angel hinunter zum Rhein.

Erste Winzerin.

So treibt sie es täglich. Statt mit uns zu sein,
Wenn wir singen und tanzen und Märchen erzählen,
Verträumt sie den dämmernden Abend allein.

Sechster Auftritt.

Die Vorigen. Lenore.

Hubert.

Da kommt sie!

Lenore.

Was giebt es?

Erste Winzerin

(während die Mädchen einen Halbkreis um Lenore schließen).

Wir grüßen dich fein,
Die Schönste der Dirnen, das Röslein vom Rhein.
Sollst morgen beim Feste
Im Schwarme der Gäste
Von unserer Gilde die Sprecherin sein;
Die Braut sollst du kränzen,
Im Becher kredenzen
Dem Grafen, dem Freier, den funkelnden Wein.

Chor der Winzerinnen.

Die Braut sollst du kränzen,
Im Becher kredenzen
Dem Grafen, dem Freier, den funkelnden Wein.

Lenore.

Ihr wollt es, wohlan denn!

Hubert.

Genug jetzt der Worte,
Und schmückt mit den Blumen die grünende Pforte!
Schon dunkelt der Abend, bald naht sich der Zug.

Chor der Winzer.

Hier bringen wir Laub noch und Traubengewinde.

Chor der Winzerinnen.

Auf, Kränze zu flechten, geschwinde, geschwinde!
Wir haben der Blumen, der Blumen genug.

Allgemeiner Chor.

Wir fügen den Bogen,
Es äugle die Traube
Aus saftigem Laube
Tiefpurpurn und blau.
Wir kommen mit Blumen,
Wir kommen mit Zweigen,
Die Pfosten, sie steigen,
Schon wölbt sich der Bau.

(Während alle Uebrigen mit dem Bau der Ehrenpforte beschäftigt sind, ergreift Reinald die Hand Lenorens und führt sie in den Vordergrund.
Es beginnt merklich zu dunkeln.)

Reinald.

Ich trag' es länger nicht — Lenore!
Ein einzig Wort vergönne mir,
Ein einzig Wort zu deinem Ohre —

Lenore.

Ich höre. Was begehret ihr?

Reinald.

O, wenn am Born beim Mondenschein
Der Minne Weisen ich gesungen,
Ist niemals dann im Herzen dein
Geheimer Widerhall erklungen?
Ward nie in dir die Ahnung wach,
Daß in des Liedes fremden Zungen
Zu Dir des Dichters Seele sprach?

Lenore.

Wohl lauscht' ich Nachts beim Mondenschein
Dem holden Klang der Weisen gerne,
Der Brunnen rauschte leise drein
Und oben wandelten die Sterne.
Wie träumend wiegte dein Gedicht
Den Geist mir dann in goldne Ferne,
Doch was du meinst, versteh ich nicht.

Reinald.

So muß ich's denn mit Worten sagen,
Was nie das Wort, das enge faßt,
Was ich als ahnungsvolle Last
Verhüllt im Busen längst getragen?
Du warst mir Lieb und Lust und Schmerz,
Mein Hoffen Du, und mein Verzagen,
Ich liebe dich, nimm hin dies Herz!

Lenore.

Weh mir!

Reinald.

Und sah in deinen Blicken
Ich der Verheißung Strahl nicht zücken?

Lenore.

Welch' unheilvolles Mißverstehn!

Reinald.

Sprich aus das Wort, mich zu beglücken,

Lenore.

O hättest du mich nie gesehn!

Reinald.

Nein, wende, wende nicht von mir
Dies Auge, drin mein Himmel offen! —
Ich war zu rasch — du stehst betroffen —

Lenore.

Laß ab! Verloren bin ich dir.

Reinald.

Dein herbes Wort muß mich verderben —
O gönne mir der Hoffnung Schein!

Lenore.

Laß ab zu flehn! Laß ab zu werben!
Umsonst! — Dies Herz ist nicht mehr mein.

Reinald.

O dunkle namenlose Pein!

Lenore.

Umsonst — dies Herz ist nicht mehr mein.

(Sie wendet sich mit schmerzlicher Geberde von ihm ab, und bleibt in Gedanken versunken links im Vordergrunde stehen, ohne das Folgende zu beachten. Reinald zieht sich betroffen zurück, doch behält er Lenoren im Auge. Hinter der Scene erklingt ein Festmarsch.)

Hubert
(zu den Winzern).

Hört ihr der Pauken, der Trompeten Laut?
Sie nahn! So stellt euch hier im Ringe,
Daß ich dem Grafen und der hohen Braut
Nach altem Brauch mein Sprüchlein bringe.

Siebenter Auftritt.

Die Vorigen. Festlicher Zug. Voran Spielleute, darauf eine Schaar Gewappneter, dann zwei Herolde, Otto's und Bertha's Banner tragend. Hinter diesen von Edelknaben und Fräulein umgeben. Otto und Bertha selbst in fürstlicher Pracht. Ihnen folgen Ritter und Damen. Eine Schaar Gewappneter macht wieder den Schluß. Prächtig geschmückte Knappen mit brennenden Fackeln sind durch den ganzen Zug vertheilt.

Allgemeiner Chor.

Laßt im Wind die Banner wallen!
Kränzt die Höh'n mit Feuerschein!
Zu des Väterschlosses Hallen
Führt die Braut der Herrscher ein.
Nun sich Huld und Kraft begegnen,
Blüht uns Heil und naht uns Schutz;
Milde Hand ist da zum Segnen,
Starker Arm ist da zum Trutz.

Hubert
(das Brautpaar an der Ehrenpforte begrüßend).

Heil Dir, erlauchtes Paar, wir grüßen Dich in Treuen
Zum ersten Mal vereint mit frohem Glückwunsch heut.
Laßt Eurer Huld sich unsre Schaar erfreuen,
Und nehmt in Gnaden auf, was unsre Armuth beut!
Wie einst zu Israel die Späher auf dem Stabe
Aus Kanaan gebracht ein wuchtig Traubenpaar,
So bringen wir Euch hier des Rebstocks beste Gabe
  Als unsers Gau's Wahrzeichen dar.

Zwei Winzer treten vor, welche eine riesige Traube quer auf einer Stange
hängend tragen. Auf einen Wink Bertha's wird sie von den Edelknaben
in Empfang genommen.

Otto.

Nehmt, wackre Leute, meinen Dank!
Hier ist Gold! Hier ist Gold! Und feiert am Gestade
Die Nacht mit Reigen und Gesang!

Bertha

(auf Hubert deutend).

Recht, theurer Freund! und hier den muntern Greis
Empfehl' ich euch zu sonderlicher Gnade.

Otto.

Sein Muth scheint jung, ist auch sein Haar schon weiß.

Bertha.

Sprich, Hubert, sprich, wo ist dein Töchterlein?
Sie sei ein Röslein, mußt' ich oft vernehmen.

Hubert.

Ei nun, die Dirn' ist schmuck und fein,
Lenore, komm! Du brauchst Dich nicht zu schämen.

(Er führt Lenore, die bis dahin theilnahmlos seitwärts gestanden hat,
zu Otto und Bertha in den Kreis der Fackeln.)

Lenore.

Erhab'ne Herrin —

(sie erblickt Otto)

O verzeiht' —
Mir schwindelt — Welch ein Blendwerk schreckt mich!

Otto (für sich).

Fallt ein ihr Hügel und bedeckt mich!

Bertha.

Sag an, was ist dir, holde Maid?

Lenore
(gegen Otto gewandt).

Es ist kein Trug! Du bist's! Du bist's!
Fürstlicher Schmuck umfängt dich prächtig —
O Allmacht!

Hubert.

Bist du dein nicht mächtig?
Was treibst du, Kind? — Der Pfalzgraf ist's!

Lenore.

Der Pfalzgraf? Ewiges Erbarmen!
Verzeiht — weh mir! — mein Haupt zerbricht!

Bertha.

Welch plötzlich Leid! Was ist der Armen?

Otto.

Ich kenne dieses Mädchen nicht.

Lenore.

Weh! Wehe! Unter mir der Grund
Schwanket und will sich spalten!
Wie entrinn' ich dem schwarzen Schlund?
Wo soll ich mich halten?
Des Himmels Wölbung bricht herein
Auf meine Scheitel —
Weh, Alles treulos! Alles eitel!
Alles, Alles erlogener Schein!

Hubert.

Um Gott, was ist dir angethan?

Bertha und Chor.

Aus ihrem Munde spricht der Wahn.
Was ist, was ist ihr angethan?

Lenore.

Schauet nicht so nach mir!
Ich kann's nicht tragen —
Sollt mich nicht fragen —
Hier wühlt es, hier!
Zu Eis gerinnt
Mein Blut — Ich vergehe —
Wehe mir, wehe!

(sie bricht zusammen.)

Reinald.

Sie schwankt! Sie sinkt!

Hubert.

Mein Kind! Mein Kind!

(Er hat Lenoren in seinen Armen aufgefangen und ist mit einigen Winzerinnen bemüht, die Ohnmächtige wieder zu sich zu bringen. Die Uebrigen stehen neugierig oder verstört im Kreise umher.)

Otto (für sich).

O unglückselig Wiedersehen!
Ich möcht' in Schmerz und Scham vergehen.
Erschüttert hör' ich und verzagt,
Wie mich mein eigen Herz verklagt.

Bertha (zugleich).

Ich weiß es nicht, warum zu Herzen
So tief mir gehn des Mädchens Schmerzen.
O Himmel, laß uns ihre Pein
Kein unglückselig Zeichen sein!

Hubert (zugleich).

O Leid, o Gram! Mit bleichen Wangen
Liegt sie von Starrheit dumpf befangen.
Wach auf, du meines Alters Lust,
Wach auf an deines Vaters Brust!

Reinald (zugleich).

Ein dunkler Argwohn läßt mit Grauen
Geheime Frevelthat mich schauen.
Weh, wenn gedoppelter Verrath
Die Blüte hier zertreten hat!

Hubert.

Sie schlägt die Augen auf — den Busen seh' ich wallen.
Komm zu dir, mein verirrtes Kind!

Otto.

Wir müssen fort. Auf, laßt die Hörner schallen!
Zum Schlosse! Zum Fest, wo der Reigen beginnt!
(Der Zug ordnet sich wieder und setzt sich langsam in Bewegung.)

Chor der Ritter, Damen u. s. w.

Horch, von dem Strom, von den Bergen erschallt's:
Oeffne die Pforten du fürstliche Pfalz!
Oeffne sie weit, uns im Schmuck zu empfahn!
Denn die Liebe, die Liebe zieht mit uns heran.

Hubert
(zu Lenoren, die sich allmählich erholt hat).

Komm, meine Tochter, komm zur Hütte!

Lenore.

Was willst du, Greis?

Reinald.

Unsel'ge Maid!
Fort, fort aus des Getümmels Mitte!
Folge dem Vater! Schlaf aus dein Leid.

Hubert.

Gieb mir den Arm!

Lenore.

Zurück!

Reinald.

Du bist von Sinnen!

Lenore.

Ich bin gesetzt — rührt mich nicht an!

Hubert.

Schon drängt die Feier zu beginnen
Der frohe Schwarm sich rings heran.
Zur Hütte komm!

Reinald.

Hinweg von hier!

Lenore
(sich mit Gewalt losreißend).

Laßt mich los! Laßt mich los! Der Fluch ist über mir!
(Sie stürzt seitwärts fort, Hubert und Reinald folgen ihr.)

Chor des Festzugs
(im Hintergrunde).

Horch, von dem Strom, von den Bergen erschallt's:
Oeffne die Pforten du fürstliche Pfalz!
Oeffne sie weit, uns im Schmuck zu empfahn!
Denn die Liebe, die Liebe zieht mit uns heran.

Chor der Winzer und Winzerinnen
(in entgegengesetzter Richtung vorn über die Bühne ziehend: zugleich).
Nun stimmet die festlichen Geigen!
Es winken die Lauben, es blinket der Wein;
Der Bursch führt das Mädel zum Reigen,
Wir schlingen, wir schlingen den Ringelreih'n,
Den Ringelreih'n, den Ringelreih'n.

(Sie ziehen vorüber, die Musik verhallt.)

Achter Auftritt.

Verwandlung.

Die Klippe mit dem Strome, wie zu Anfang des Aufzugs. Es ist Nacht.
Aufziehendes Wetter.

Stimmen im Winde.

Erste.
Woher, woher am dunkeln Rhein?

Zweite.
Vom Drachenfels, vom Wolkenstein.
Und ihr, woher?

Erste.
Vom Bodensee.
Wir sind noch kühl vom Gletscherschnee;

Wollen uns wärmen
Im luftigen Schwärmen,
Im flüchtigen Lauf.
Die dort unten wecken wir auf.

Chor von oben.

Rheingeschlecht! Herauf! Herauf!

Stimmen aus der Tiefe.

In des Stromes Felsennischen
Ruh'n wir an krystallnen Tischen.

Stimme von oben.

Auf!
Auf und laßt den Strudel zischen!

Stimmen aus der Tiefe.

Hin der Abend! Hin sein Frieden!
Fels muß donnern, Flut muß sieden.

Chor von oben.

Auf feuchtem Flügel
Ziehn wir daher,
Brausen auf, brausen ab
Ueber Land und Meer;
Da reißen die Segel, die Eichen zerschell'n,
Denn der Wind, denn der Sturm sind wilde Gesell'n.

Chor aus der Tiefe.

In Stromes Tiefen,
In funkelnder Pracht
Bei dem blutigen Hort
Wir halten die Wacht;
Wir locken den Schiffer mit Saitenspiel,
Und zieh'n in die Wirbel den berstenden Kiel.

Beide Chöre.

Doch bei Nacht, doch bei Nacht, ohne Mond, ohne Stern,
Da führen mitsammen den Reigen wir gern.
Wie sausen die Lüfte, wie sprudelt der Gischt,
Wenn Wolk' und Wind' und Welle sich mischt!

Eine Stimme.

Horch, wer naht?

Andere Stimme.

Ein Menschenbild,
Dem vom Aug' die Thräne quillt;
In den Reigen schreit sie wild.

Lenore
(ist zwischen den Felsen erschienen).

Wehe!
Betrogen! Unerhört betrogen!
Von den Gipfeln des Lebens
Hinabgeschleudert
In den Abgrund,

Der Verworfenen Eine!
Und das der Preis der Liebe,
Der Treue Lohn!
O wer schafft Rache!
Wer schafft Vergeltung
Meiner Qual!

Chor
(echoartig).

Wer schafft Rache!
Wer schafft Vergeltung!

Lenore.

Wo ist die Gerechtigkeit droben,
Von der sie sagen,
Daß sie wahllos
Auf eherner Wage
Wäge die Schuld?
Ich hab' ihr Wandeln
Nicht vernommen,
Noch ihre Blitze gesehn
Ueber dem schuldigen Haupt.
So ruf' ich euch
Ihr Kräfte der Tiefe,
Ihr düstern Gewalten
In Fels und Wasser,
In Luft und Wind!
Steiget, steiget empor!
Höret mich! Helft mir!

Chor.

Du hast gerufen —
Wir kommen, wir kommen
Aus Fels und Wasser,
Aus Luft und Wind.
Rede, rede,
Was ist dein Begehr?

Lenore.

Vergeltung! Rache!
Für meine Liebe
Hat er mich zertreten;
Weil ich ihm Alles gab,
Däucht' ich ihm nichts!
Rache an ihm,
An seinem Geschlecht!
Mögen sie fühlen
Den Hohn der Liebe,
Der Sehnsucht Feuer,
Die Qual des Herzens,
Das sich verzehrt!
Gebt mir Schönheit, Männer verblendende!
Gebt mir die Stimme süß zum Verderben!
Gebt mir tödtliche Liebesgewalt!

Chor.

Schönheit, Schönheit, Liebesgewalt
Sollst Du empfangen!
Rache, Rache geloben wir Dir!

Erste Stimme.
Ist dem Rhein die Braut verheißen.

Zweite Stimme.
Harrt er Tag für Tag in Sehnsucht.

Chor.
Braut des Rheines sollst du werden,
Braut des Rheins im Felsenschloß!

Lenore.
Horch! Irrende Stimmen
Rings im Gestein!
Wohlauf denn, ihr Rufer,
Nennet den Preis mir
Des dunkeln Werkes!
Fordert! Begehrt!
Was ich bin, was ich habe,
Ich bring' es euch dar.

Erste Stimme.
Sollst dein Herz zum Lohn uns geben.

Zweite Stimme.
Sollst uns opfern deine Liebe.

Chor.
Braut des Rheines sollst Du werden,
Braut des Rheins im Felsenschloß!

Lenore
(hochaufgerichtet auf der vorspringenden Felszacke).

Es sei! Es sei!
Wie ich den Schleier hier zerreiße,
Sei zerrissen meine Liebe!
Flattre sie hin in den Lüften!
Dem Wind, dem Sturme
Vermach' ich sie.
Mein Herz versteine
Wie dieser Felsen
Fühllos starrend.
Dir, o Strom,
Brausender, kalter,
Zum Preis der Vergeltung
Verlob' ich mich an.
Nimm hin zum Pfande,
Nimm hin den Brautring!
Wenn sich das Werk
Der Rache vollendet,
Bin ich dein und gehör' ich dir an!
(Sie wirft ihren Ring in die Fluten. Der Rhein schäumt hochauf.)

Chor.
Heil! Heil der mächtigen Sterblichen!
Heil! Heil der Schönheitverderblichen!
Rache, Rache geloben wir dir!
(Der Vorhang fällt.)

Zweiter Aufzug.

Hochgewölbte Festhalle in der Burg des Pfalzgrafen. Im Hintergrunde zwischen den Säulen einer offenen Gallerie freie Aussicht auf Berg und Thal. Rechts in der Tiefe der Bühne eine hohe Spitzbogenpforte, welche zur Schlosskapelle führt. Auf derselben Seite weiter vorn eine reiche Tafel für die Ritter und Vasallen. Dieser gegenüber zur Linken auf Stufen erhöht die Sitze für den Pfalzgrafen und Bertha nebst einer kleineren Tafel, an der Wand darüber zwei Wappenschilder.

Erster Auftritt.

Der Erzbischof von Mainz, Pfalzgraf Otto, Bertha an der Hand führend, Leupold, Reinald, Ritter, Damen, Priester und Gefolge kommen in feierlichem Zuge aus der Schloßkapelle; alle mit Ausnahme der Priester in hochzeitlichem Schmucke.

Allgemeiner Chor.

Die du auf dem Regenbogen
Wandelst hoch und wunderbar,
Diesem Bund, den wir vollzogen,
Heil'ge Jungfrau sei gewogen,
Segne, segne dieses Paar!

Erzbischof
(zu Otto und Bertha herantretend).

Die heil'ge Kirche sprach den Segen
Ueber euch aus durch meinen Mund.
Nehmt auch den meinen jetzt. Beglückt sei euer Bund,
Sei Fried' in eurer Brust und Heil auf euren Wegen!
Dir, Pfalzgraf, ist hinfort die lieblichste der Blüten
Aus unserm alten Stamm vertraut.
Ich gönne dir dein Glück, du wirst dein Kleinod hüten,
Das Haus blüht fröhlich, das die Liebe baut.
Jetzt aber lass' ich euch. Des Festes bunte Welle
Schwillt leicht zu hoch dem ungewohnten Gast.
Euch ziemt der Jubel heut, mein Haupt bedarf der Rast.
Friede mit euch! Ich geh' in meine Zelle.

(Er geht ab, die Priester folgen ihm.)

Zweiter Auftritt.
Die Vorigen, ohne den Erzbischof und die Priester.

Bertha.

O Tag des Jubels, Tag der Wonne,
Bist du genaht mit leisem Schritt,
Da wundervoll der Liebe Sonne
Hoch über unsre Häupter tritt!
Die ganze Welt steht mir in Blüte,
Denn du bist mein, ich fass' es kaum.

Ist's Wahrheit, Dank der ew'gen Güte!
Ist's Traum, o daure, daure goldner Traum!

Otto.

Geliebtes Weib, wie selig zündet
Dein holder Blick in meiner Brust!
Mein Wesen fühl' ich neu gegründet,
So hoch an Muth, so reich an Lust.
Daß ich noch andres je besessen
Als deine Huld, ich faß' es kaum;
Doch sei's in deinem Arm vergessen,
Vergessen Alles, Alles, wie ein Traum!

Beide.

Was wir dereinst begehrt, besessen
Vor unserm Glück wie schwindet's weit!
O süßes, seliges Vergessen!
O Zeit der Liebe, goldne Zeit!

Leupold
(vortretend und sich vor Otto und Bertha verneigend).

Erlauchtes Paar, bereitet ist das Mahl,
Die Gäste stehn erwartend rings im Saal,
Es harrt der Schenk, den Becher euch zu reichen.

Otto.

Führ' uns, wir folgen dir.
(Leupold geleitet die Neuvermählten zu den Sesseln links; in dem
Augenblicke, da Otto die Stufen hinanschreitet, fällt sein Wappenschild
von der Wand und zerspringt.)

Otto.
Ha was ist das?
Mein Wappen fiel —

Bertha.
Welch seltsam Zeichen
Zersprungen ist's wie sprödes Glas.

Chor
(durcheinander).

Was giebts? — Wir sehn den Herrn erbleichen —
Sein Wappen fiel — o böses Zeichen!
Zersprungen ist's wie sprödes Glas.

Reinald (zugleich).

Mich will ein seltsam Graun beschleichen;
Ich seh der nah'nden Rache Zeichen,
Sie wandelt sacht ohn' Unterlaß.

Bertha (zu Otto).
Es ängstigt mich. Dein Schild im Staube!

Chor.
Das deutet Schlimmes.

Otto.
Aberglaube!
Wer ängstlich um die Zukunft frägt,
Dem mag ein Zufall Grauen wecken.

Kein Zeichen kann ein Herz erschrecken,
Das seines Glücks Gewißheit in sich trägt. —
Drum fröhlich! Seht, die Tafeln winken,
Der rasche Augenblick entflieht.
Wer weiß für uns, indeß wir trinken
Ein Glück verheißend Minnelied?

Reinald
(dem auf seinen Wink ein Edelknabe die Harfe gereicht hat).

O Heil dem Herzen, das da liebt,
Das Alles fromm um Alles giebt
Aus vielgetreuem Sinne!
So köstlich ist kein Edelstein,
Noch giebt ein Stern so klaren Schein
Wie solche reine Minne.
Doch weh, wer auf Verrath bedacht
Nichts weiß von Treuen und Ehren!
Wie Feuersbrunst in tiefer Nacht
Wird ihn die Rache verzehren.

Bertha.
Was ist, o Herr? Dein liebes Angesicht
Umwölkt sich finster wie Gewitter.

Otto.
Achte nicht drauf! 'S ist nichts. Der scharfe Klang der Cither,
Des Sängers Lied behagt mir nicht.

Reinald.
Wer treulich liebt, hat hohen Muth,
Er weiß, er steht in Gottes Hut,

4

Ihn schützt sein starkes Walten;
Und mag er wandeln über's Meer,
Die Engel schweben um ihn her,
Ihn über den Wogen zu halten.
 Doch weh, wer auf Verrath bedacht,
Nichts weiß von Treuen und Ehren!
Wie Feuersbrunst in tiefer Nacht
Wird ihn die Rache verzehren.

Otto.

Halt ein! halt ein! Es ist genug.
Laß dich mit deinem Trauersang begraben!
Was soll das Wort von Rach' und Fluch?
Zur Hochzeitfeier braucht man keine Raben.
(zu den Edelknaben)
Auf, bringt den goldgetriebnen Festpokal,
 Den Schmuck des Mahls an jedem Tag der Ehre!
Füllt ihn mit Wein, gereift an Spaniens Sonnenstral,
 Daß ich, wie's Brauch ist, ihn zum ersten Mal
Auf's Wohlsein der Geliebten leere!

Chor.

 Beim Blut der Rebe
 Jubelt es laut:
 Die Herrin lebe,
 Die fürstliche Braut!

Dritter Auftritt.

(Während des Chores ist eine Schaar von Mädchen erschienen, welche einen Tanz aufführen; bei dem Schlusse desselben öffnet sich ihre Reihe und vor dem Pfalzgrafen steht Lenore, ihm einen großen goldenen Becher darbietend.)

Otto.

O Gott, was seh ich? — dich? — Lenoren?
Ist Alles wider mich verschworen? —
Und doch! — Wie schön sie vor mir steht!

Chor.

Wie schön sie ist! Ich muß mich neigen;
So geht der Mond im Sternenreigen,
Wie sie vor allen Frauen geht.

Bertha und Reinald.

Wie lieblich tritt sie aus dem Reihen!
Was will der Schauer, der so eigen
Mir durch die tiefste Seele weht?

Lenore.

Trink, o durstiger Zecher
Feuriger Trauben Blut!

Trink im schäumenden Becher
Liebeverlangenden Muth!
Heiß durch Herz dir und Sinne,
Durch die lechzenden, rinne
Alle glühende Minne,
Alle minnige Glut!

Erster Halbchor der Ritter.

Wie wandelt sie in Lieblichkeit!
Sei uns gegrüßt, du holde Maid!
Sei uns gegrüßt!

Zweiter Halbchor der Ritter.

O Stimme, rein und wonniglich!
Du schöne Maid, wir grüßen dich!
Wir grüßen dich!

Otto.

Welche Glut, o welch Verlangen,
Welch ein Schwanken hin und her,
Nimmt die Seele mir gefangen!
Welche Glut, o, welch Verlangen!
Ach, ich kenne mich nicht mehr.

Bertha (zugleich).

Mich ergreift ein seltsam Bangen;
Wie verwandelt seh' ich dich.
Fieber brennt auf deinen Wangen —

Sieh mein Zagen, sieh mein Bangen!
Sprich, was ist? Geliebter sprich!

Reinald (zugleich).

Welche Glut auf seinen Wangen!
Fühlt er Reue seiner That?
Oder kommt, ihn zu umfangen,
Schon der Rachegott gegangen,
Der dem Frevler schrecklich naht?

Lenore.

Trink der Liebsten zu Ehren,
Die dein Herze gewann!
Bist in Wunsch und Begehren
Nun ein gefangener Mann.
Hast du Lieben und Leben
Einmal verschenkt und vergeben,
Nimmer lösen und heben
Kannst du den eigenen Bann!

Otto.

Welche Glut, o welch Verlangen
Ach nach ihr, die ich zertrat!

Bertha.

Fieber brennt auf deinen Wangen,
Wüßt' ich Hülfe! Wüßt' ich Rath!

Reinald.

Die Vergeltung kommt gegangen,
Die dem Frevler schrecklich naht.

Lenore.

Hast du Lieben und Leben
Einmal verschenkt und vergeben,
Nimmer lösen und heben
Kannst du den eigenen Bann.

Otto.

Es ist aus! Es ist aus! Das Mahl ist aufgehoben!
(wirft die Tafel um)
Sattelt mein Roß, mein wildes Berberroß!
Bringt Sperber mir und Pfeilgeschoß!
Fort zur Jagd in's Gebirg, wo Sturm und Waldbach toben!
Hinaus, hinaus mit hellem Troß!

Leupold.

O Herr, o Herr! welch seltsam Begehren!
Welch finsterer Geist ficht plötzlich euch an?

Bertha.

Otto, mein Otto, sieh meine Zähren!
Was ist dir geschehn? Was ist dir gethan?

Chor.

O hört! O hört! Welch seltsam Begehren!
Befängt ihn ein Trug? Bethört ihn ein Wahn?

Otto.

Was steht ihr? Was fragt ihr? — Laßt mich — laßt!
Ich habe nicht Ruh, ich habe nicht Rast!
In Sturm und Braus verjagen
Möcht' ich mein Sehnen, mein Leid;
Möcht' es in dunkler Zelle klagen
    Der Einsamkeit.
Mich drängt's, mich treibt's, in meinen Adern
Das wilde Blut empöret sich —
Ich fühl' in meiner Brust die Elemente hadern,
O welche Glut! Wer kühlet mich!

Lenore.

Laß das vergebliche Streiten,
Wenn dich die Sehnsucht verzehrt!
Willst du in Hast ihr entreiten,
Schwingt sie sich mit dir auf's Pferd.
Treibst du den Nachen vom Strande,
Schwimmt sie dir nach durch den Schwall,
Folgt dir genüber zum Lande,
Breitet umnetzende Bande
    Allüberall! Allüberall!

Otto.

Wie mich gewaltig
Lockt ihr Gesang!
Länger nicht halt' ich
Des Herzens Drang.

Schämen und Wangen
Zerflattern im Wind.
Sieh mein Verlangen!
Hast mich gefangen
Reizendes Kind!

Bertha (zugleich).

Wehe, gewaltig
Lockt ihn ihr Blick,
Länger nicht halt' ich
Die Thränen zurück.
Schämen und Bangen
Däucht ihm nur Scherz;
All sein Verlangen
Nimmt sie gefangen;
Brich, du mein Herz!

Reinald (zugleich).

Weh, den Verräther
Hält nichts zurück.
Liebe schon fleht er
Mit Wort und Blick.
Mit dem Geschworenen
Treibt er Scherz,
Und der Verlorenen
Jüngst erst Erkorenen
Bricht er das Herz.

Chor der Ritter (zugleich).

Unwiderstehlich
Lockt ihr Gesang.
Nicht mehr verhehl' ich
Des Herzens Drang.
Das mich wie Schlangen-
Windung umspinnt,
Sieh mein Verlangen!
Hast mich gefangen
Reizendes Kind!

(Die Ritter haben sich um Lenoren gedrängt. Otto tritt ihnen entgegen.)

Otto.

Wer wagt es, keck und voll Begier
Zu dieser Maid den Blick zu heben?

Erster Ritter.

Nach jedem Ziel darf klarer Wille streben,
Und meine Liebe biet' ich ihr.

Zweiter Ritter
(zum ersten).

Vor keinem Kampfe lernt' ich beben,
Den schönen Preis bestreit ich dir.

Chor der Ritter
(durcheinander).

Auch ich — Auch ich — Auch wir, auch wir!

Schämen und Bangen
Schweigt in der Brust;
Sie zu gewinnen
Ist mein Beginnen,
Sie zu gewinnen
Einzige Lust.

Lenore.

Schönheit steigt auf die Zinne,
Wirft den entzündenden Stral;
Flammen, Flammen der Minne
Fahren allmächtig im Saal.
Aber im flackernden Scheine
Mit Salamandernatur
Spielt, sich ergötzend, die Eine,
Spielet die Jungfrau alleine —
    Hütet euch nur! Hütet euch nur!

Erster Ritter.

Komm, holde Jungfrau, sei die Meine!

Zweiter Ritter.

Zu deinem Ritter nimm mich an!

Dritter Ritter.

Hoch ragt mein Schloß am grünen Rheine,
Die Pforten sind dir aufgethan.

Chor der Ritter
(durcheinander).

O sei die Meine! — Sei die Meine!
Nimm mich, nimm mich zum Ritter an!

Otto.

Zurück mit euern frechen Grüßen!

Chor der Ritter.

Kein Recht giebt's, das der Liebe wehrt.

Otto.

Da liegt mein Handschuh euch zu Füßen,
Und statt des Wortes spricht das Schwert.
(Er schleudert seinen Handschuh in den Saal, und zieht das Schwert.)

Lenore.

Flammen, Flammen der Minne
Zucken in wilder Begier,
Schönheit steigt auf die Zinne,
Und es entlodern die Sinne — —
(plötzlich aufschreiend)
Weh, welch ein Dämon spricht aus mir!

Chor der Ritter
(gegen den Pfalzgrafen und gegen einander andringend).

Heraus denn, ihr blitzenden Schneiden!
Zum Kampfe, zum blutigen Reih'n!
Das Schwert, ja das Schwert soll entscheiden —

Otto.

Mein muß sie sein! Mein muß sie sein!

Reinald.

Die Schwerter entfliegen den Scheiden,
Der Frevel will blutig gedeih'n.

Bertha.

O Himmel, siehe mein Leiden!
Erbarm, erbarme dich mein!
Nicht länger ertrag' ich die Pein.

(Sie eilt seitwärts in die Schloßkirche.)

Otto.

Und legte was Macht hat auf Erden,
Und legte die Hölle sich drein:
Nur mein, nur mein darf sie werden,
Mein muß sie sein, mein muß sie sein!

Chor der Ritter
(wild durcheinander).

Mein muß sie sein! — Mein muß sie sein!

(Otto hat Lenoren mit der Linken umschlungen und kämpft mit der Rechten. Allgemeines Gefecht.)

Vierter Auftritt.

Die Vorigen ohne Bertha. Der Erzbischof tritt ein. Ihm folgen Priester und gewappnete Knechte.

Erzbischof.

Die Schwerter senkt! Beim ew'gen Gott!
Ihr raset!

Reinald.

Wehe diesem Haus!

Erzbischof.

Treibt hier die Hölle ihren Spott?

Erster Priester.

'S ist Zauberei!

Erzbischof.

Du sprichst es aus.

Chor.

O wehe, wehe diesem Haus!

Erzbischof
(auf Lenoren deutend).

Das Unkraut werd' im Keim vernichtet!
Nur rasche That bringt hier Gewinn.

Die Schuld ist klar, sie sei gerichtet.
Ihr Knechte, greift die Zauberin!

Otto
(den Gewappneten entgegentretend).

Zurück! In meines Schlosses Hallen
Wer rührt sie an! Bin ich hier nichts?
Auf, schaart euch um sie, ihr Vasallen!

Erzbischof.

Wahnsinn'ger Knabe! Sie ist Gott verfallen.
Im Namen des geistlichen Gerichts!

(Die Ritter und Knappen weichen vor dem heranschreitenden Erzbischof zurück. Er ergreift Lenorens Hand und führt sie in den Kreis der Priester.)

Otto.

Ihr gebt sie preis! Schmach euch und Schande!

Chor der Ritter und Knappen.

Uns schreckt der Kirche dräuend Nahn.

Erzbischof
(zu seinem Gefolge).

Nehmt hin die Dirne, schlaget sie in Bande,
Führt sie zum Dom als Büßerin angethan,
Laßt Kerzen brennen, Weihrauch wallen!
Sobald die Glocken dumpf erschallen,
Hebt das Gericht zu sprechen an.

Otto.

Trotz euch und was im Grollen
Auch eure Satzung spricht,
Mein Herz, mein eisern Wollen
Beuget ihr nicht, beuget ihr nicht!

Reinald und Chor der Ritter
(zugleich).

Dies Labyrinth von Wehe
Und Schuld, ich faff' es nicht;
O Allmacht aus der Höhe
Sende mir Licht, sende mir Licht!

Erzbischof und Chor der Priester
(zugleich).

Was Finsterniß gesündigt,
Der Himmel bringt's an's Licht;
Die Rache wird verkündigt —
Fort zum Gericht! Fort zum Gericht!

(Der Erzbischof und die Priester verlassen den Saal, in ihrer Mitte Lenore, die sich ohne alles Sträuben fortführen läßt. Otto, Reinald, die Ritter und die Gewappneten folgen).

Verwandlung.

Seitenkapelle der Schlosskirche, mit dieser durch einen grossen Bogen verbunden. Ein unmittelbar hinter dem Bogen niederwallender Vorhang schneidet die Aussicht in das Schiff der Kirche ab. Die Wände sind noch von der Feier des Morgens her bekränzt. Kurze Decoration.

Fünfter Auftritt.

Bertha (allein).

Zu euch, ihr heiligen Mauern, flücht' ich mich
In meiner Angst. O gebt mir Ruh' und Trost!
Laßt Frieden auf mich niederthauen! —
Umsonst! Umsonst! Auch ihr
Erzählt mir nur von dem, was ich verlor.

Hier hängen noch des Festes frische Kränze
Und sehn mich spottend an. Ach, hier
Lag ich an seinem Herzen, hier
An seinen Lippen hing ich,
Und neidete den Himmel nicht.

Schreckliche Wandlung! Alles nun dahin.
Alles verloren! Glück — Heil — Liebe —

In dumpfer Qual verzehrt sich meine Seele,
Nach Thränen sehnt mein brennend Auge sich,
Und keine Thränen hab' ich mehr.

Ich sollt' ihm fluchen, der mich so verrieth,
Und ich vermag's nicht — Ach, es wird mein Fluch
Gebet um Gnade für ihn, den ich noch immer,
Noch immer liebe!

Unselig Herz, zu grollen weißt du nicht
Noch zu vergessen: o so brich! Es ist
Für dich Genesung nur dort unten.

Komm o Tod, des Tages Schwüle
Liegt auf diesen Wimpern schwer;
Von den Gräbern säuselt Kühle,
Weht Erquickung zu mir her.
Hab' ich Alles falsch erfunden,
Stark und treu allein bist du.
Holder Arzt, laß mich gesunden,
Balsam gieb für meine Wunden!
Gieb mir Ruh! Gieb mir Ruh!

Meiner Liebe junge Wonne
Blüht' und starb an einem Tag;
Ach, was soll mir diese Sonne,
Wenn das Herz verblutend brach!
Laß, o laß die Schatten sinken
Ueber mich und meine Noth!

Deinen Becher seh ich winken,
Laß mich süß Vergessen trinken!
Komm o Tod! Komm o Tod!

Sechster Auftritt.

Bertha. Reinald tritt auf.

Reinald.

O Herrin, fort von hier! Schon rüstet schauerlich
Dort in der Kirche Pfeilerhallen
Sich Alles zum Gericht. Die finstern Priester wallen
Im stummen Zuge schon —

Bertha.
              Was kümmert's mich!

Reinald.
Folgt mir von hier! Laßt euch beschwören!

Bertha.
Sprecht, wo ist mein Gemahl? Was sinnt er?

Reinald.
                  Fraget nicht!
Er rast —

Bertha.

Ich sah dem Tod in's Angesicht,
Ich bin gefaßt, und Alles kann ich hören.

Reinald.

O Herrin —

Bertha.

Redet!

Reinald.

Meine Lippe zagt —

Bertha.

Laßt mich nicht betteln um mein Leiden!

Reinald.

So sei's. Er schwur auf ewig euch zu meiden
Um jene Maid, die Priestermund verklagt.

Bertha.

Und jetzt, und jetzt, wo weilt er? Sagt!

Reinald.

Dort, wo sie richten und entscheiden.

Glockenton und Priesterchor
(hinter der Scene).

Der du kannst das Herz ergründen,

Was verborgen woll' uns künden,
Offenbare Schuld und Sünden!

Reinald.

O kommt hinweg! Sie heben an.

Bertha.

Laßt mich! Wovor soll mir noch grauen?
Randvoll ist meiner Schmerzen Maß, wohlan,
So will ich auch das Letzte schauen.
(Sie reißt den Vorhang herunter, der die Kapelle von der Kirche scheidet.)

Siebenter Auftritt.

Man erblickt den Erzbischof auf seinem Stuhle, um ihn her im Halb=
kreise die geistlichen Richter; zur Seite Otto, Ritter und Volk, das,
sobald der Zwischenvorhang gefallen ist, nach vorn drängt. In diesem
Augenblicke wird Lenore in weißem Bußgewand von Gewappneten her=
eingeführt. Bertha sieht, an einen Pfeiler gelehnt, dem Folgenden wie
erstarrt zu.

Chor der Priester.

Tränk' uns aus der Weisheit Borne!
Lehr' uns scheiden Spreu vom Korne!
Diener sind wir deinem Zorne.

Erzbischof
(sich erhebend).

Richter, gebt mir Antwort!

Chor der Priester.

Frage!

Erzbischof.

Faßt ihr ruhig Schwert und Wage?

Chor der Priester.

Ruhig sind wir.

Erzbischof.

Kläger, klage!
(er nimmt seinen Sitz wieder ein.)

Erster Priester.

So klag' ich denn: das Herz des Grafen, den ihr schaut,
Hat diese Dirne hier mit Höllenkunst umsponnen,
Hat ihn durch Zaubertrank, gemischt aus gift'gem Kraut,
    Entfremdet seiner hohen Braut,
    Und ihn für ihr Gelüst gewonnen.
Der Zeugen braucht es nicht. Ihr habt es selbst geschaut.
    Als schwarze Zauberin sei sie verdammt!

Chor der Priester.

Ruft Zeter über ihr! Der Holzstoß sei entflammt!

Reinald.

Weh, sie verdammen
Sie zu den Flammen!
Himmlische Mächte, steht ihr bei!

Otto.

Ha, nicht zu tragen
Ist was sie wagen!
Hüte dich, trotzige Klerisei!

Ritter und Volk.

Wie wird sich's wenden!
Wie wird es enden!
Himmlische Mächte, steht ihr bei!

Chor der Priester.

Ruft Zeter über ihr! Der Holzstoß sei entflammt!

Erster Priester
(zum Erzbischof).

Du siehst es, sie sind einig insgesammt.

Erzbischof.

Den Rechtslauf dürfen wir nicht stören.
Was bringt die Dirne vor?

Erster Priester.

   Unselige, laß hören!

Lenore.

Führt mich zum Tode, nehmt mich hin!
Nach keiner Gnade steht mein Sinn,
Ich leide still und stumm.

Meine schwarze Kunst das ist mein Schmerz,
Mein Zauber ein gebrochen Herz,
Und Einer weiß, warum.

Erzbischof und Chor der Priester.
(Eine Stimme nach der andern einfallend.)

Bei ihrem Wort, wie schmilzt mein Sinn,
Wie schwindet leise — mein Zorn dahin!
Ihr stiller Gram, ihr tiefer Schmerz
Bewegt mit Macht — mit Macht mein Herz.

Otto und Reinald (zugleich).

Bei ihrem Wort — wie schmilzt mein Sinn,
Schmilzt all mein Wesen — in Sehnsucht hin!
Ihr stiller Gram, ihr tiefer Schmerz
Bewegt mit Macht — mit Macht mein Herz.

Chor des Volkes und der Ritter
(zugleich).

Es rührt ihr Wort — der Priester Sinn,
Und leise schwindet — ihr Zorn dahin.
Ihr stiller Gram, ihr tiefer Schmerz
Bewegt mit Macht — mit Macht mein Herz.

Lenore.

Kennt ihr ein Herz, das Falschheit brach?
Es stürzt in Sünde, Fluch und Schmach,
Und willig sterb' ich drum.

Ich hab' meine Liebe verschworen,
Ich habe mich selbst verloren,
Und Einer weiß, warum.

(Die Chöre der Priester, der Ritter und des Volks wiederholen sich wie vorher. Dann erhebt sich der Erzbischof.)

Erzbischof.

Sie hat geredet. Richten wir!

Erster Priester.

Du hast den ersten Spruch. Beginne.

Erzbischof.

Wer will verdammen, über Huld und Zier
Ihr angebornes Recht der Minne!
Ich finde keine Schuld an ihr.

Reinald.

Er spricht sie los, o Glück!

Chor des Volkes.

Heil, Heil dem milden Sinne!

Chor der Priester.

Ihr Zauber ist die Huld der Minne,
Wir finden keine Schuld an ihr.

Erzbischof
(zu Lenoren).

Geh' hin, mein Kind, du bist entlassen.

Lenore.

Träum' ich? Wach' ich? Es kann nicht sein.

Reinald.

Du bist frei! Du bist frei! O lerne dich zu fassen!

Otto
(auf Lenoren zueilend).

Triumph! Triumph! Jetzt bist du mein!

Erzbischof
(tritt dazwischen).

Zurück Verblendeter!

Bertha.

Weh mir!

Otto.

Wer will mir wehren!

Erzbischof.

Im Namen deines Stamms, im Namen deiner Ehren
Gebiet' ich dir: Halt ein! Halt ein!

Otto.

Ha, dir zum Trotz —

Bertha.

Gedenke deines Eides!
Denk meines unermeßnen Leides!
Du tödtest mich —

Otto.

Mein muß sie sein!

Erzbischof.

Komm zu dir selbst, sinnloser Wütherich! —
Ihr aber schafft dies Kind mit Eilen
In unsres Klosters Hut. Dort mag sie sicher weilen.

Reinald und Volk.

Lenore komm! Wir führen dich!

(sie umringen Lenoren und wenden sich zum Gehen.)

Otto.

Beim Abgrund, halt! Wer ist's, der sie mir raubt?
Wer rührt sie an, die ich erkoren!

Erzbischof.

Wahnsinniger, zurück!

Otto.

Sein Blut komm auf sein Haupt!
Beim ew'gen Gott, er ist verloren.

Bertha
(tritt entschlossen vor Lenoren).

Ich schütze sie, dein Weib! Sieh her! Ist auch für mich
Dein Eisen scharf?

Otto.

Verderben über dich!
All euer Widerstand ist eitel!
Hinweg, Verhaßte!

(er schleudert sie fort.)

Bertha
(zusammenbrechend).

Weh!

Chor.

O Grausen!

Erzbischof.

Nun wohlan!
Dein Maß ist voll und deine Frist verrann.
So schleudr' ich denn auf deine Scheitel
Der Kirche Interdikt und Bann.
Sei ausgestoßen!

Chor der Priester.
Ausgestoßen!
(Otto fährt entsetzt zurück.)

Chor der Ritter und des Volkes.
Wehe!
Entweicht, entweicht aus seiner Nähe!
Ihn traf der Kirche Fluch und Bann.

Otto.
Fluch über euch! Fluch über mich!

Reinald und Volk.
Lenore komm! Wir führen dich.

Erzbischof.
(zu Bertha herantretend).

O Tag des Unheils!

Chor.
Wehe! Wehe!
Entweicht, entweicht aus seiner Nähe!
Ihn traf der Kirche Fluch und Bann.

(Otto steht wie gebrochen auf Leupold gelehnt, von allen Uebrigen verlassen. Während ein Theil des Volkes Lenoren fortführt, ein anderer sich um den Erzbischof und Bertha gruppirt, fällt der Vorhang.)

Dritter Aufzug.

Weite sonnige Herbstlandschaft am Rhein. Im Hintergrunde der Strom. Zur Rechten in die Bühne vorspringend ein hohes Frauenkloster, dessen Mauern zum Theil mit Wein überwachsen sind, auf derselben Seite vorn, über Stufen erhöht, eine breite Pforte, welche zur Kirche des Klosters führt. Zur Linken unter hohen Bäumen Sitze von Rasen. Auf dem Strom verschiedene Kähne.

Erster Auftritt.

Winzer und Winzerinnen die Herbstfeier begehend. Viele bringen Trauben in Körben und Butten, andere ruhen trinkend unter den Bäumen, Knaben stampfen in den Kelterfässern, um welche getanzt wird.

Erster Halbchor.

Wir bringen, wir bringen
Des Herbstes köstliche Gabe,
Vom rebumlaubten Stabe
Der Trauben süße Last.

Zweiter Halbchor.

Wir schwingen, wir schwingen
Voll jungen Weins die Becher,

Und jeder deutsche Zecher
Sei uns gegrüßt als Gast.

Voller Chor.

Preis dem Herbste tausendtönig,
Preis mit Saitenspiel und Lied,
Preis ihm, wenn er wie ein König
Segnend durch die Berge zieht!

Erster Halbchor.

Nun dröhnen, nun dröhnen
Die Keltern unverdrossen,
Es kommt der Most geflossen
In Strömen purpurklar.

Zweiter Halbchor.

Nun tönen, nun tönen
Die hellen Geigen und Pfeifen,
Und um die Kufen schleifen
Die Tänzer Paar bei Paar.

Voller Chor.

Preis dem Herbste tausendtönig,
Preis mit Saitenspiel und Lied,
Preis ihm, wenn er wie ein König
Segnend durch die Berge zieht!

Zweiter Auftritt.

Die Vorigen. Hubert. Reinald.

Hubert.

Mit euern Liedern haltet ein!
Des Festes Jubel heißet schweigen,
Legt ab die Kränze, löst den Reigen!

Chor.

Was giebt es?

Hubert.

Trauerkunde für den Rhein.
Die edle Gräfin, ach, die Helferin ohn' Ermatten,
Die ungetröstet nie den Klagenden entließ,
Sie ist dahin.

Chor.

Sie starb?

Reinald.

Aus Gram um ihren Gatten,
Der sie am Hochzeitstag verstieß.

Chor.

Weh, weh dem Rasenden!

Hubert.
Ja wehe ihm und mir!
Denn sie, für die sein Herz in toller Brunst entglühte,
Um die er frech zertrat des Rheines Stolz und Blüte,
Lenore ist's, mein Kind!

Chor.
Erschüttert lausch' ich Dir.

Hubert.
Im Frauenkloster weilt die Unglückfel'ge hier.
Hier kann sein Arm sie nicht erreichen.
Er aber schweift verfehmt, durch Kirchenfluch gebannt,
Mit einer wüsten Schaar durch's Land,
Auf seiner Stirn das Kainszeichen.

Reinald.
O starre nicht so düster, Greis,
Sind rein von Schuld doch deine Hände!

Hubert.
Erstehn die Todten auch auf dein Geheiß?
Spar deinen Trost! Ich bin ein welkes Reis
Und trüb und düster ist das Ende.

Des Tags beim Werk, zu Nacht beim Wein,
Wie däuchte das Leben mir gut!
Ich pfiff bei Regen und Sonnenschein
Mein Lied in lustigem Muth!

Und hätt' mir gesprochen von Kummer ein Wicht,
Ich hätt' ihm gelacht in das Angesicht.
　　Doch ach, mit der Zeit
　　Kommt Jammer und Leid,
Daß das Herz dir im Leibe zerbricht.

Chor.

　　Mit der Zeit, mit der Zeit
　　Kommt Jammer und Leid,
Daß das Herz dir im Leibe zerbricht.

Hubert.

O Frühling grün, o froher Sinn,
O Jugend so frisch und so roth,
O Lieb' und Lust, wie müßt ihr dahin!
Und sicher allein ist der Tod.
Und wenn ein Narr vom Glücke Dir spricht,
Verstopfe dein Ohr, und glaub' ihm nicht!
　　Denn, ach, mit der Zeit
　　Kommt Jammer und Leid,
Daß das Herz dir im Leibe zerbricht.

Chor.

　　Mit der Zeit, mit der Zeit
　　Kommt Jammer und Leid,
Daß das Herz dir im Leibe zerbricht.

Dritter Auftritt.

Die Vorigen. Lenore tritt aus der Klosterkirche. Sie ist einfach, doch weltlich gekleidet.

Lenore.

Mein Vater!

Hubert.

Welch ein Wiedersehen!

Lenore.

O wohl mir, daß du kamst! Du glaubst nicht, was ich litt!
Nicht wahr, du nimmst mich wieder mit?

Hubert.

Du bist verstört! Was ist geschehen?
Sag an, wer that ein Leides dir?

Lenore.

Niemand. Die Menschen sind gut zu mir;
Die sind's nicht, die mich vertreiben.
Aber dennoch kann ich nicht bleiben
O führe, führe mich fort von hier!

Hubert.

Ich fasse dich nicht.

Lenore.

Seitdem zu jener Pforte
Ich einging, find' ich Rast an keinem Orte!
Mich drückt das Gewölb, mich ängstigt die Wand,
Wie Grabhauch weht's in den beklommenen Räumen.
Und sieh, dann winkt's zu Nacht mit weißer Hand
In meinen Träumen.
Und wilde Wasser seh ich schäumen,
Und hoch und höher, langsam, schauerlich
Wachsen sie an, und heben mich gelinde,
Und dunkle Stimmen geh'n im Winde,
Und rufen mich.

Hubert.

Und wohin zieht's dich?

Lenore.

Nur von hinnen!
Ins Weite, Grenzenlose hinaus!
Wo die wilden Schwäne ihr Nest gewinnen,
Im Abendroth die Felsenzinnen
Ragen über des Stroms Gebraus,
Da baut meine Sehnsucht sich das Haus.
Dort möcht' ich wieder am schroffen Hang
Sitzen und träumen den Tag entlang,
Möchte wieder mit weißem Mohn
Mich kränzen und die alten Weisen singen,
Und mit des Liedes letztem Ton
Selber vergehn und verklingen!

Hubert.
Kind du bist krank!

Lenore
(auf ihr Herz deutend).
Ja, hier. O wär's vorüber schon!

Vierter Auftritt.

Trompeten hinter der Scene. Lenore verschleiert sich und drängt sich zwischen die Winzer. Gleich darauf stürmen Otto und Leupold herein mit einem Gefolge abenteuerlich gewappneter Söldner.

Otto.
Besetzt die Thore! Sperret jeden Pfad!
Laßt Niemand aus noch ein!

Hubert und Chor.
Welch neues Unheil naht?

Reinald.
Was willst du, der im tiefen Frieden
Uns wie ein Mörder überfällt?

Otto.
Es hat die Welt mich ausgeschieden:
Ich führe Krieg mit aller Welt.

Chor der Söldner.

Krieg mit den Pfaffen!
Krieg mit der Welt!
Alles muß unser sein,
Was uns gefällt.
Becher und Schüssel,
Mädchen und Wein.
Schwert ist der Schlüssel
Zu jeglichem Schrein.

Chor der Winzer
(leise, unter sich).

Horch, wie sie drohn in frechem Trutz!
Schafft Waffen her zu Wehr und Schutz!

Chor der Söldner.

Lachend ersteigen wir
Kloster und Burg,
Keller und Prunkgemach
Spüren wir durch.
Ist uns da drinnen
Genüge gethan,
Fliegt zu den Zinnen
Glührother Hahn.

(Während des Chors hat Reinald mit den Winzern geredet, die sich mit Hacken, Weinpfählen, Hirtenspießen waffnen. Jetzt tritt er Otto entgegen.)

Reinald.

Du nahst mit Schwertern und mit Stangen,
Gieb Antwort, was ist dein Begehr?

Otto.

Gebt mir heraus, die ihr gefangen!
Lenoren gebt mir.

Hubert.

Nimmermehr!

Otto.

Erwägt, was ihr beginnt! Mein Rächerarm trifft schwer!

Reinald.

Unseliger, wie darfst du fodern
Den Frevel, der zum Himmel schreit?

Otto.

Gehorsamt! Sonst, bei meinem Eid
In Flammen soll das Kloster lodern!

Lenore.

O Jammer!

Otto.

Welch ein Laut! Du bist's, holdselge Maid!
(er eilt auf sie zu, sie weicht zurück, ihr Schleier fällt)
O komm, laß dich von hinnen tragen!

Reinald
(zu Lenoren).

Wir schützen dich, du darfst nicht zagen!

Otto.

So wählst du Zwang? Wohlan —

Lenore.

Halt ein!

Hubert.

Jetzt, Herr, sei mächtig in den Schwachen!
Ihr Winzer, auf zum Kampf!

Otto
(zu seinem Gefolge).

Zum Kampf!

Lenore.

Ha! dort ein Nachen!
Rette mich, rette mich, flutender Rhein!
(Sie springt in einen Kahn und stößt vom Lande.)

Otto
(gegen das Ufer vordringend).

Sie entweicht. Auf! Ihr nach!

Reinald
(stellt sich ihm mit gezogenen Schwert entgegen).

Bis dieses Schwert zerschroten,
Kommst du hier nicht vom Platz.

Otto.

Verdammniß dir und Fluch!
(Lenore ist verschwunden. Sie fechten.)

Fünfter Auftritt.

In diesem Augenblicke erscheint ein Trauerherold an der Spitze eines langsam vorschreitenden Leichenzuges, der sich von der Linken gegen die Pforte der Klosterkirche bewegt. Vor dem Sarge wird ein großes Banner getragen. Der Zug trennt die Fechtenden und schneidet dem Pfalzgrafen den Weg zum Strome ab.

Trauerherold.

Den Gottesfrieden ehrt! Habt Achtung vor den Todten!
Geleitet fromm den Trauerzug!

Chor.
(Melodie des Trauermarsches.)

Ehrfurcht den Todten! Den Gottesfrieden ehrt!
Bändigt die Kampflust! Zu Boden senkt das Schwert!

Otto
(das Banner erkennend).

Ha, was erblick' ich! Das Wappen dort ist mein.
Sprecht, wen begrabt ihr?

Herold.
Die Pfalzgräfin vom Rhein.

Otto
(zurücktaumelnd).

Mein Weib! Mein Weib!

Reinald.
Erbarme Gott sich dein!
(Pause. Nur der Trauermarsch geht fort.)

Hubert.
Folgt mir, und bringt ihr die letzten Ehren dar,
Bringt sie der Herrin, die allen theuer war.

Reinald und Chor der Winzer.
Friede der Edlen! Es bringt ihr unsre Schaar,
Bringt ihr mit Thränen die letzten Ehren dar.

(Hubert, Reinald und die Winzer schließen sich dem Zuge an und verschwinden mit demselben in der Klosterkirche.)

Sechster Auftritt.

Otto. Im Hintergrunde Leupold und die Cölkner.

Otto.

O welche Mattigkeit! Wie Blei so schwer
Liegt auf mir das Gefühl des Lebens.
Todtmüde ist mein Haupt; kaum trägt der Fuß mich mehr;
Ich möchte weinen, doch vergebens.
Ach, Alles düster! Alles leer!

(Er setzt sich auf einen Stein vor der Kirche und verbirgt das Gesicht in den Händen.)

Chorgesang aus der Kirche.

Aus der Tiefe hör' uns rufen!
Herr, zu deines Thrones Stufen
Nimm die Seele gnädig an!
    Der hienieden
    Qual beschieden
Gieb ihr deinen ew'gen Frieden
Laß Erbarmen sie empfahn!

Otto.

Hätt' ich sie lieben können, ach,
Die ich verstieß, die ich zerbrach!

Sie ist dahin. O könnt' ich's sühnen!
O wüßt' ich einen frischen Reitertod
Bei der Trompeten Schall im Grünen:
Vorüber wäre jede Noth.

Aber nein! Zu deinem Glücke
Halben Wegs verzagst du schier?
Rückwärts schlägt sich keine Brücke,
Vorwärts winkt mir dies Panier.
(er hebt Lenorens Schleier auf, welcher noch am Boden liegt)
Soll ich knabenhaft entsagen,
Nun das Schrecklichste geschehn?
Nein, das Letzte muß ich wagen,
Muß den Preis von dannen tragen,
Oder stolz zu Grunde gehn. —
Auf, ihr Mannen!

Chor
(sich nähernd).

Herr, gebeut!

Otto.

Noch gen Bopparb zieht ihr heut.
Dort im Buchenwald verborgen
Harrt ihr meiner bis zum Morgen.
Komm' ich: gut. Wo nicht: zum Sold
Theilt euch Leupold all mein Gold.
Nimmer denk' ich dann zu kehren,
Und entbind' euch eurer Pflicht.

Leupold.

Herr, ihr wollt? — —

Otto.

Die Zeit wird's lehren.
Zeuch gen Boppard. Forsche nicht!
(Leupold und die Söldner entfernen sich zögernd. Otto wendet sich gegen den Strom, und verschwindet hinter dem Kloster.)

Siebenter Auftritt.

Verwandlung.

Die Klippe über dem Strome, von der untergehenden Sonne roth beschienen. Auf der Höhe des Felsvorsprunges sitzt Lenore, ihr langes Haar ordnend und schmückend. Später Otto.

Lenore.

Ich habe mein Herz verloren,
Das liegt im tiefen Rhein;
Ihm hab' ich mich verschworen,
Darf keines andern sein.
Mein Sinn ist schwer, meine Brust ist leer,
Ich kenne nicht Lächeln, nicht Weinen mehr;
Ich habe mein Herz verloren,
Das liegt im tiefen Rhein.

Wie leicht ist Lust verdorben,
Und Lieb' ist eitel Noth!
Mir däucht, ich bin gestorben,
Und bin doch schön und roth.
Wann schlägt die Stunde, wann kommt der Tag,
Da Alles, Alles enden mag!
Ach, leicht ist Lust verdorben
Und Lieb' ist eitel Noth.

(Otto ist schon während ihres Gesanges im Nachen erschienen. Er steigt an's Land.)

Otto.

Wie damals grüßt mich Alles wieder.
Vom Felsenhang
Verlockend hernieder
Schallt ihr Gesang,
Und zieht und reißt mich hin zu ihr —
Lenore!

Lenore.

Wer rufet mir?

Otto.

Ich bin's, um dich gejagt wie ein Wild,
Das die Jäger hetzen,
Verfehmt im Wald, gebannt im Gefild —
O wolle du mich letzen!
Mich, der um dich sein Glück, seine Ruh,
Sein Alles giebt,

Der nichts mehr will, als dich allein,
Der dich meint, der dich liebt!

Lenore.

Ich weiß von keinem, der mich liebt.
Reißenden Stroms flutet die Zeit.
Nur ein Traum noch dämmert mir ferne,
Doch der Traum war bitteres Leid.

Otto.

Ich weiß, ich hab' an deiner Huld
Frevel begangen,
Aber zehnfach größere Schuld
Thürmt' ich empor, dich wiederzuerlangen.
Geworden bin ich der Buben Spott,
Geschmäht von der Welt, verstoßen von Gott
Um ein Lächeln von deinen Wangen.
Du bist die letzte Zuflucht, die mir blieb,
Nun alles fällt —
Nimm Du mich an! Vergiß! Vergieb!
Und ich lache der Welt.

Lenore.

Laß ab! Laß ab! Zwischen dir und mir
Steht hinfort eine dunkele Macht;
Nicht klag' ich dich an, nicht bejammr' ich mich selbst,
Das Geschick sei schweigend vollbracht.
In mein eigenes Herz nicht wag' ich zu schau'n,
Denn ich finde nicht Freude, nicht Leid.

Ich weiß nur eins: Von einander sind
Wir geschieden auf ewige Zeit.

Otto.

Nein! Nein! So stößt du mich nicht fort!
Fahrhin ist nicht dein letztes Wort.
Wo wäre die Macht, und wär's der Hölle Glut,
Die vor der Liebe mächtig bliebe!
Jeglich Geschick durchbricht die Liebe;
O wolle nur, und es ist Alles gut!

O gedenke der Zeit,
Holdselige Maid,
Da ich hier zu Füßen dir saß,
Und mit quellender Brust
In unendlicher Lust
Die Welt und mich selber vergaß;
Da dein Auge so blau
Von gesegnetem Thau
Wie das Veilchen im Frühlinge floß,
Da dein Arm mich umschlang
Und Ruh dein Gesang
In die flutende Seele mir goß —

Lenore.

Nicht beschwöre die Zeit!
Denn sie liegt so weit,
Und sie kehrt uns nimmer zurück;
Wohl schwankt mir der Sinn,

Doch dahin, doch dahin,
Doch auf immer dahin ist das Glück.
Laß ab! Laß ab!
Das ich einst dir gab
Mein Herz ward verödet und leer.
Eine finstere Macht
Hält über mir Wacht.
Laß ab, und beschwöre nicht mehr!

Otto.

Schon erzittert dein Herz
In der Sehnsucht Schmerz,
Nein, ich laß' es nicht, bis ich's errang —
Bei der wonnigen Stund,
Da küssend vom Mund
Ich die athmende Seele dir trank,
Bei dem jauchzenden Glück —

Lenore.

Weh! Könnt' ich zurück!
O was weckst du begrabenen Laut!
Laß ab! Laß ab!

Otto
(mit ausgebreiteten Armen den Felsen hinaufklimmend).

An mein Herz! Komm herab!

Chor der Geister
(unsichtbar).

Halt ein, verfehmte Braut!

Lenore
(wie aus schwerem Kampfe allmählig sich aufrichtend).

Weh mir! — Kehr um! Nicht wag mir zu nahn,
Ich bin wie gepanzert in Erz.
Vorbei! Vorbei! Laß ab von dem Wahn!
Nichts weiß von Liebe mein Herz.
Wie ein bebender Ton, wie ein wehender Traum,
Wie der sterbenden Welle verrinnender Schaum
So verrann sie in Nacht und in Schmerz.
(Kurze Pause.)
Ich kenne dich nicht! Geh deinen Pfad!
Die Braut bin ich worden des Rheines.
Hinweg! Mein zürnender Bräutigam naht,
Ich kenne dich nicht! Geh deinen Pfad,
Erfüll' dein Schicksal, ich meines!
(Der Rhein braust und donnert.)

Otto.

Weh! Weh! Vor meinen Augen kreist
Das All. Der Anker meiner Seele reißt
In Wahnsinn und Schmerz.
So hold, so verlockend das Auge dein,
So hart du selber wie dein Stein!
Scheitre, scheitre mein Herz!

Es ist Alles dahin! Es ist Alles vorbei!
Das Gericht kommt gegangen.
Fahrwohl du schöne, todesschöne Fey!
Du sollst dein Opfer empfangen!
(Er stürzt sich in den Strom.)

Chor der Geister.

Heil, Heil der mächtigen Sterblichen!
Heil, Heil der Schönheitsverderblichen!
Rache, Rache schufen wir dir!

Letzter Auftritt.

Lenore auf der Klippe sitzend. Es dunkelt tief. Hubert, Reinald, Winzer und Winzerinnen kommen mit Fackeln.

Reinald.

Sie ist's! Sie ist's! Dort sitzt sie auf der Ley!

Chor.

Sie ist gefunden! Kommt herbei!

Hubert.

O Kind, wir suchten dich mit Schmerzen.
Nun komm, und ruh' an deines Vaters Herzen!

Lenore.

Laßt mich, mein Tagwerk ist vollbracht.
Mit ihren Sternen kommt die Nacht,
Mein Haupt ist schlafestrunken.
Es sehnt mein Herz nach all dem Streit
In's Stille sich, in die Dunkelheit,
Denn die Welt, die Welt ist versunken.

Reinald.

Nicht also! Heilt doch jeder Gram der Erde!
In's Leben wende dich zurück!

Hubert.

Auch der Entsagung blüht am frommen Heerde
Friedselig ein bescheiden Glück.

Chor.

O komm zurück! O komm zurück!

Lenore.

Niemals! Mich hält ein Schwur.

Hubert (drohend).
Lenore!

Reinald.

Laß mich nicht flehn zu taubem Ohre!

Hubert.

Wenn jeder Rath umsonst verhallt,
Wohlan, so brauch' ich denn Gewalt.

(Sie beginnen die Höhe hinanzuklimmen.)

Lenore.

Zurück! Ich habe nichts mit euch gemein.
Und wohnt bei Menschen kein Erbarmen,
Ruf' ich zu dir, brausender Rhein.
Mein Bräutigam, ich harre dein!
Errette mich mit starken Armen!

(Furchtbarer Donnerschlag. Der obere Theil der Felsenwand zerbirst, und eine hohe krystallene Pforte wird sichtbar. Hubert, Reinald und die Winzer taumeln zurück und stehen wie gebannt.)

Hubert. Reinald. Chor.

Welch Entsetzen! Welch ein Grausen!
Und sie selber ruft's herein!

Chor der Geister.

Dein Gesinde naht mit Brausen,
Heil dir, Königin der Fey'n!

Lenore
(in die Pforte tretend, zu den Anderen zurückgewandt).

Fahrt wohl! Ihr hemmt nicht meine Bahn.
Mein erstes Werk ist abgethan,
Und das andere ist's, das ich sage:

Wer hinfort mir naht, und die Treue verrieth,
Ihn reißt mit Gewalt in die Strudel mein Lied,
Daß er Tod und Verderben erjage.
Denn bei Tag, denn bei Nacht, wohl über dem Rhein
Will ich rufen im Fels, will ich klagen im Stein
    Von verlorener Liebe die Klage.

Hubert. Reinald. Chor.

Weh! Sie ist für uns verloren!
Zu des Bergs krystallnen Thoren
Kühnen Fußes geht sie ein.

Chor der Geister.

Heil! Wir führen dich zum Throne,
Heil! Es winkt die Feyenkrone,
Heil dir Königin vom Rhein!

(Indem Lenore die Schwelle der Krystallpforte überschreitet, geht über der vorspringenden Felsenzacke groß und glänzend der Mond auf.)

(Der Vorhang fällt.)